Sushi

Leichte Köstlichkeiten aus Japan

Sushi

Leichte Köstlichkeiten aus Japan

monte von DUMONT

Emi Kazuko
Fotografien von Peter Cassidy

Die Deutsche Bibliothek – CIP-Einheitsaufnahme
Sushi : leichte Köstlichkeiten aus Japan / Emi Kazuko. Photogr. by Peter Cassidy
[Aus dem Engl. von Karin Hirschmann]. - Köln : DuMont, 2000 (Monte von DuMont)
Einheitssacht. : Easy sushi <dt.>
ISBN 3-7701-8593-5

Erstveröffentlichung durch Ryland Peters and Small
Cavendish House, 51–55 Mortimer Street, London W1N 7TD, UK, © 2000

Titel der englischsprachigen Originalausgabe: easy sushi
Aus dem Englischen von Karin Hirschmann
Redaktion und Satz der deutschsprachigen Ausgabe:
Agents – Producers – Editors, Overath

Printed and bound in China

ISBN 3-7701-8593-5

Meinen Eltern, die mich die Grundlagen des Lebens und der Zubereitung von Speisen gelehrt haben.

Danksagung
Ich möchte all den Sushi-Küchenchefs danken, deren Hingabe und Fleiß es in der Vergangenheit und auch jetzt zu verdanken ist, dass Sushi zu einem weltweiten Phänomen geworden ist. Mein besonderer Dank gilt Katsuko Hirose, deren unermüdliche Unterstützung und Ermutigung von Japan aus mir über viele Jahre hinweg Kraft gegeben haben. Und ich danke Elsa Petersen-Schepelern für ihre Mitarbeit an diesem Buch.

Hinweis
Sofern nicht anders angegeben, sind sämtliche Löffel-Angaben gestrichene Maße. Achten Sie bei der Verwendung roher Eier darauf, dass diese sehr frisch sind. Kleinkinder, Schwangere und ältere Menschen sollten auf den Verzehr roher Eier verzichten. Zutaten für die Gerichte erhalten Sie in den Spezialabteilungen großer Supermärkte und in asiatischen Lebensmittelgeschäften.

Inhalt

Einführung

Sushi bezeichnet ganz allgemein alle Zubereitungen mit Sumeshi (Sushi-Reis) in Verbindung mit anderen Zutaten, vor allem aber mit rohem Fisch. Sushi hat seinen Ursprung allerdings nicht in Japan, sondern im südostasiatischen Raum, wo es mit gedämpftem Reis und Salz schon früh als Konservierungsmethode für frischen Fisch bekannt war.

Sushi in seiner heutigen Form auf der Basis von Essigreis kam erst im 19. Jahrhundert auf, wurde aber in den Straßen von Edo, dem heutigen Tokio, rasch zu einem Verkaufsschlager. Ich habe viele schöne Kindheitserinnerungen an die Sushi-Kreationen meiner Mutter. Wir hatten sie auf Ausflügen, bei Sportveranstaltungen und Theaterbesuchen stets dabei.

Man unterscheidet grundsätzlich vier Zubereitungsarten:

- 1 In Nori-Blätter gerollter Reis mit verschiedenen Füllungen (*Maki-Zushi* oder *Norimaki,* s. S. 12).
- 2 In Form gepresster Reis, belegt mit eingelegtem oder gesalzenem Fisch (*Oshi-Zushi* oder *Bo-Zushi,* s. S. 31).
- 3 Länglich-ovale Reisbällchen (»Reisfinger«) mit einem Belag aus rohem Fisch, Meeresfrüchten oder Omelett (*Nigiri-Zushi,* s. S. 46).
- 4 Reis in einer Schale, entweder mit anderen Zutaten vermischt oder diese darauf verteilt (*Chirashi-Zushi,* s. S. 50).

Alle Sushi-Zubereitungen kann man mit etwas Übung selbst machen, wenngleich es bei *Nigiri-Zushi* sehr viel Geschick erfordert, den Reis so gleichmäßig und fest zu rollen, dass jeder Happen von einem einzigen Cocktail-Spieß zusammengehalten werden kann, sich aber im Mund problemlos wieder abstreifen lässt.

Damit der Sushi-Reis optimal gelingt, muss man ihn wie ein kleines Kind behandeln: wohlwollend, aber energisch und konsequent. Lassen Sie sich nicht entmutigen, wenn es beim ersten Mal nicht gleich klappt.

Sushi sind übrigens ideale Party-Snacks: Gerollte Sushi (*Norimaki*) und gepresste Sushi (*Oshi-Zushi*) lassen sich gut am Vortag zubereiten und bis zum Servieren an einem kühlen Ort aufbewahren. Auch das in der Schale servierte *Chirashi-Zushi* kann im Voraus zubereitet und unmittelbar vor dem Essen mit den anderen Zutaten vermischt oder belegt werden.

Sushi-Zutaten

Japanische Zutaten werden inzwischen in gut sortierten Supermärkten angeboten. Vieles finden Sie auch in Asialäden. Hier eine kurze Übersicht der gängigen Zutaten.

Abura-age
(frittierter Tofu)
Takuan
(eingelegter Daikon-Rettich)
frischer Ingwer
japanischer Rundkornreis
Umeboshi
(rote Salzpflaumen)
Amazu Shoga
(eingelegter Ingwer, küchenfertig)
Wasabi-Paste
(Paste aus grünem japanischem Meerrettich)
Shiitake
(japanische , auch frisch erhältlich)

Sushi bezeichnet alle Zubereitungen mit Sumeshi. Sushi sollten nicht im Kühlschrank aufbewahrt werden, sonst werden sie hart. Durch den Essig bleiben die Sushi ein paar Tage frisch, wenn sie – in Folie gewickelt – kühl aufbewahrt werden. Für die Zubereitung von Sushi-Reis benötigt man 15% mehr Wasser als Reis, d.h. auf eine Tasse Reis kommt die gleiche Menge plus 1 Esslöffel Wasser.

Sushi-Reis-(Sumeshi-)Zubereitung

400 ml japanischer (weißer) Reis*
1 Stück *Kombu* (etwa 5 cm im Quadrat) zur Aromatisierung (nach Belieben)
3 EL japanischer Reisessig (*Su*)
2½ EL Zucker
2 TL Meersalz

Ergibt 1 Liter

* **Reis sollte stets nach Volumen und nicht nach Gewicht abgemessen werden.**

1 Den Reis in eine große Schüssel geben und gründlich waschen, dabei mehrmals das Wasser wechseln, bis es klar bleibt. Das Wasser abgießen und den Reis in einem Sieb oder Durchschlag 1 Stunde abtropfen lassen. Wenn die Zeit knapp ist, den Reis 10–15 Minuten in klarem, kaltem Wasser einweichen und dann abtropfen lassen.

2 Den abgetropften Reis mit dem Kombu-Stück, falls verwendet, in einen großen Topf geben und 460 ml Wasser zugießen. Den Deckel auflegen, den Reis zum Kochen bringen und etwa 5 Minuten bei starker Hitze garen lassen. Das Kombu-Stück herausnehmen.

3 Die Temperatur reduzieren und den Reis zugedeckt etwa 10 Minuten leise köcheln lassen, bis die Reiskörner alle Flüssigkeit aufgesogen haben. Währenddessen nicht den Deckel heben. Den Topf von der Kochstelle nehmen und den Reis bei weiterhin aufliegendem Deckel etwa 10–15 Minuten ausquellen lassen.

4 Reisessig, Zucker und Salz in eine kleine Schüssel geben und verrühren, bis sich Zucker und Salz aufgelöst haben.

5 Den gekochten Reis in eine große, flache Schüssel (möglichst aus unlackiertem Holz) oder in einen *Hangiri*, einen hölzernen Reiszuber, umfüllen und großzügig mit der Essiglösung beträufeln.

6 Die Essiglösung mit einem Holzspatel bzw. einem *Shamoji*, einem Reislöffel aus Bambus, vorsichtig mit einer schneidenden Bewegung unter den Reis mischen, aber nicht verrühren. Dabei den Reis mit einem Fächer oder einem Fön (Kaltstufe!) kühlen. Den Reis vor der Weiterverarbeitung auf Körpertemperatur abkühlen lassen.

Sushi-Rollen (Norimaki) sind der ideale Party-Snack und ist von allen Sushi-Zubereitungen wohl die bekannteste. Dazu wird der vorbereitete Sushi-Reis gleichmäßig auf einem Nori-Blatt verteilt, die Füllung in die Mitte gegeben und das gefüllte Nori-Blatt mit Hilfe einer Bambusmatte zu gleichmäßigen, festen Rollen geformt. Diese wird vor dem Servieren in mundgerechte Stücke geschnitten.

Gerollte Sushi Norimaki

¾ der angegebenen Menge Sushi-Reis (s. S. 11)

Essig-Wasser-Lösung (*Tezu*):
4 EL Reisessig
250 ml Wasser

Für die Rollen:
18 cm Gurke, ungeschält
3 Nori-Blätter
Wasabi-Paste oder -Pulver

Zum Servieren:
eingelegter Ingwer
Extraportion Wasabi-Paste
japanische Sojasauce (*Shoyu*)

*1 Rollmatte aus Bambus (**Makisu**)*

Ergibt 3 Sushi-Rollen bzw. 36 Stücke

1 Den Sushi-Reis nach Rezeptanweisung zubereiten. Die Zutaten für die Essig-Wasser-Lösung (*Tezu*) in einer kleinen Schüssel mischen und beiseite stellen.

2 Das Gurkenstück längs vierteln, die Kerne (Samen) herausschaben und das Fruchtfleisch längs in 1 cm dicke Stäbchen schneiden. Es werden 6 Stäbchen, jeweils mit etwas Schalengrün, benötigt.

3 Vor dem Rollen die Nori-Blätter über einer offenen Gasflamme oder auf der Herdplatte auf einer Seite kurz rösten, damit sich das typische Aroma von Nori gut entfaltet und die Blätter schön kross werden. Die gerösteten Blätter jeweils quer halbieren.

4 Die Sushi-Rollen nach den Anweisungen auf Seite 14 und 15 zubereiten.

5 Jede Rolle wie beschrieben mit einem scharfen Messer in 6 gleich große Scheiben schneiden.

6 Die Scheiben kunstvoll auf einer Platte anrichten und mit eingelegtem Ingwer, einem Klecks Wasabi-Paste und einem Schälchen Sojasauce servieren.

Gerollte Sushi

SUSHI-ROLLEN FORMEN

Den Sushi-Reis zubereiten, weitere Zutaten vorbereiten, dann die Hände in die Essig-Wasser-Lösung tauchen.

‣ 1 Eine Bambusmatte auf einer trockenen Arbeitsfläche ausbreiten und ein halbes geröstetes Nori-Blatt mit der glänzenden Seite nach unten auf die Rollmatte legen. 2–3 Esslöffel Sushi-Reis mit der Hand zur Rolle formen. Die Reisrolle in die Mitte des Nori-Blattes legen.

‣ 2 Den Sushi-Reis mit den Fingern auf dem halben Blatt verteilen, dabei auf der körperabgewandten Seite einen etwa 1,5 cm breiten Rand freilassen. (Die Hände immer wieder mit der *Tezu*-Lösung anfeuchten.)

‣ 3 Etwas Wasabi-Paste auf die Fingerspitze geben und damit eine blassgrüne Spur durch den Reis ziehen (nicht zu viel Paste verwenden, denn sie ist höllisch scharf!).

‣ 4 Ein Gurkenstäbchen quer über den Re auf die Wasabi-Paste legen.

‣ 5 Das untere Ende der Bambusmatte m dem Nori-Blatt greifen und darauf achten, dass die Gurke in der Mitte liegen bleibt.

‣ 6 Die Bambusmatte anheben und über d Füllung fest zusammendrücken. Darauf ach ten, dass kein Reis an den Seiten herausquil

4

5

6

▸ 7 Das obere Ende der Rollmatte anheben und weiterrollen. Die Füllung dabei festdrücken, sodass eine gleichmäßige, stabile Rolle entsteht. Die Nahtstelle des Blattes, an der die Ränder sich überlappen, sollte unten zu liegen kommen, damit sie gut klebt. Die fertige Rolle von der Matte nehmen und bis zur Fertigstellung der übrigen Rollen mit der Nahtstelle nach unten in einen flachen Behälter mit Deckel legen.

▸ 8 Jede Rolle erst in der Mitte teilen, dann jede Hälfte in drei gleich große Scheiben schneiden, sodass jede Rolle 6 kleine Stücke ergibt. Die Sushi-Rollen auf einer dekorativen Platte anrichten und mit eingelegtem Ingwer, einem Klecks Wasabi-Paste und einem Schälchen japanischer Sojasauce servieren.

7

8

Traditionelle Füllungen für Sushi-Rollen enthalten in Japan z. B. Kanpyo (getrocknete Kürbisstreifen), Thunfisch mit Frühlingszwiebeln, Natto (gedämpfte, fermentierte Sojabohnen), in Chili marinierten Kabeljaurogen sowie Umeboshi (gesalzene Pflaume) mit Shiso-Blättern. Sie können die Sushi natürlich auch mit Zutaten füllen, die hierzulande gängiger sind.

Gerollte Sushi in drei Variationen

¾ der angegebenen Menge Sushi-Reis (s. S. 11)
3 Nori-Blätter

Essig-Wasser-Lösung (*Tezu*):
4 EL Reisessig
250 ml Wasser

Füllung:
100 g frischer Lachs, gehäutet
6 cm eingelegter Daikon, längs in 1 cm dicke Streifen geschnitten
4–6 frische Shiso- oder 6–8 Basilikumblätter
2 kleine rote Salzpflaumen (*Umeboshi*), entsteint und zerpflückt
Wasabi-Paste

Zum Servieren:
Eingelegter Ingwer
Wasabi-Paste
japanische Sojasauce (*Shoyu*)

1 Bambusmatte zum Rollen der Sushi (Makisu)

Ergibt 36 Stück

1 Den Sushi-Reis nach den Anweisungen auf Seite 11 zubereiten. Die Zutaten für die *Tezu*-Lösung in einer kleinen Schüssel mischen.

2 Das Lachsfilet in 1 cm dicke Streifen schneiden und wie umseitig beschrieben anstelle der Gurkenstäbchen die Lachsstreifen auf dem Reis anordnen (Menge ausreichend für 2 Rollen).

3 Für die Sushi-Rollen mit eingelegtem Daikon-Rettich die umseitigen Rezeptanweisungen befolgen und anstelle der Gurkenstäbchen jeweils 3 Streifen eingelegten Rettich auf dem Reis anordnen, die Wasabi-Paste jedoch weglassen (Menge ausreichend für 2 Rollen).

4 Für die Sushi-Rollen mit Umeboshi die umseitigen Rezeptanweisungen befolgen und den Reis mit Shiso- oder Basilikumblättern und zerpflückten Salzpflaumen belegen (Menge ausreichend für 2 Rollen).

5 Die fertigen Rollen jeweils in 6 Stücke zerteilen, die Stücke auf einer Platte anrichten und mit eingelegtem Ingwer, einem Klecks Wasabi-Paste und einem Schälchen Sojasauce servieren.

Variante:
Das Lachsfilet auf jeder Seite etwa 2 Minuten grillen. Abkühlen lassen, in eine Schüssel geben und mit einer Gabel zerpflücken. 2 fein gehackte Frühlingszwiebeln und 2 Teelöffel Majonäse unterrühren, mit Salz und Pfeffer abschmecken und dann wie oben beschrieben fortfahren.

Große Sushi Futomaki

Futomaki enthalten meist 5 verschiedenfarbige Zutaten, die in ein ganzes Nori-Blatt gewickelt werden. Als Party-Snack sind Futomaki etwas unhandlich, sehen aber hübsch aus.

1 Rezept Sushi-Reis (s. S. 11)
3 Nori-Blätter

Essig-Wasser-Lösung (*Tezu*):
4 EL Reisessig
250 ml Wasser

Füllung:
9–12 rohe Riesengarnelenschwänze, ungeschält
4 Eier
4 EL Zucker
250 g Spinat
3½ EL japanische Sojasauce (*Shoyu*)
20 g getrocknete Kürbisstreifen oder 1 Möhre, in 5 mm dicke Stäbchen geschnitten
5–6 getrocknete Shiitake-Pilze
1 EL Mirin oder süßer Sherry (Cream)
Salz

Zum Servieren:
eingelegter Ingwer
japanische Sojasauce (*Shoyu*)

1 Bambusmatte zum Rollen der Sushi (Makisu)

Ergibt 3 Rollen (24 Stück)

1 Den Sushi-Reis nach Rezeptanweisung (s. S. 11) zubereiten und dann mit Wasser in einer kleinen Schüssel mischen.

2 Einen Spieß durch die Garnelenschwänze stecken. 3 Minuten in kochendem Wasser blanchieren, dann unverzüglich in kaltes Wasser tauchen und abtropfen lassen. Die Spieße herausziehen, die Garnelenschwänze schälen und den Darm herausziehen.

3 Aus den Eiern, 2 Esslöffeln Zucker und einer Prise Salz ein Omelett zubereiten (s. S. 60). Das Omelett abkühlen lassen, dann in 1 cm breite Streifen schneiden.

4 Den Spinat in leicht gesalzenem Wasser 1 Minute blanchieren, dann sofort in kaltem Wasser abschrecken, abtropfen lassen und mit Küchenpapier trocken tupfen. Mit 2 Teelöffeln Sojasauce beträufeln und beiseite stellen.

5 Die Kürbisstreifen mit Salz und etwas Wasser einreiben, 10 Minuten in kaltem Wasser einweichen und dann abtropfen lassen. Die Streifen auf eine Länge von 20 cm schneiden. Die Pilze 30 Minuten in warmem Wasser einweichen, dann abtropfen lassen; das Wasser zurückbehalten. Die Pilze in 5 cm lange Streifen schneiden. 250 ml vom Einweichwasser mit 3 Esslöffeln Sojasauce, 2 Esslöffeln Zucker und dem Reiswein oder Sherry in einem kleinen Topf zum Kochen bringen. Die Kürbis- oder Möhrenstreifen und die Pilze zugeben. 15 Minuten köcheln lassen, in der Kochflüssigkeit abkühlen lassen und beiseite stellen.

6 Die Nori-Blätter kurz rösten und jeweils 1 ganzes Blatt quer auf die Bambusmatte legen (s. S. 16). Die Hände in der Essig-Wasser-Lösung anfeuchten. Ein Sechstel der Reismenge abnehmen und mit den Händen zu einer festen Kugel formen. Den Reisball mittig in die obere Blatthälfte setzen und gleichmäßig verteilen, dabei am oberen Blattrand einen etwa 3 cm breiten Rand freilassen. Die untere Hälfte ebenfalls dick mit Reis bedecken.

7 3–4 Garnelenschwänze in einer Reihe – etwa 5 cm vom unteren Rand entfernt – quer über den Reis legen, mit Spinat bedecken und dann eine Reihe Kürbis- oder Möhrenstreifen und eine Reihe Pilzstreifen darauf verteilen – pro Rolle etwa ein Drittel von jeder Zutat.

8 Das untere Ende der Bambusmatte anheben und das Blatt zu einer festen Rolle formen (s. S. 14–15). Die restlichen 2 Rollen ebenso formen.

9 Jede Rolle in 8 dicke Scheiben schneiden und mit Sojasauce und Ingwer servieren.

Diese Nigiri-Zushi-Variante hat die Form eines beladenen Bootes oder Schlachtschiffes. Der Sushi-Reis wird durch einen Streifen Nori zusammengehalten und erhält einen Belag aus Ikura (Lachskaviar) und Seehasenrogen. Das Krabbenfleisch ist ein Zugeständnis an den westlichen Gaumen.

Umgürtetes Sushi
Gunkanmaki

½ der angegebenen Menge Sushi-Reis (s. S. 11)
1½ Nori-Blätter

Essig-Wasser-Lösung (*Tezu*):
4 EL Reisessig
250 ml Wasser

Belag:
4–6 EL Krabbenfleisch*
etwa 1 TL Sake
2 TL Wasabi-Paste oder -Pulver
4–6 EL Lachsrogen (*Ikura*) oder roter Seehasenrogen (deutscher Kaviar)
12 eingelegte Kapern
4–6 EL vorgewürztes Krabbenfleisch*

Zum Servieren:
eingelegter Ingwer
japanische Sojasauce (*Shoyu*)

Ergibt 12 Stück

*Krabbenfleisch vom Fischhändler oder eine qualitativ hochwertige Konserve verwenden.

1 Den Sushi-Reis nach Vorschrift zubereiten (s. S. 11). Für die Essig-Wasser-Lösung die Zutaten in einer kleinen Schüssel mischen.

2 Das Krabbenfleisch auf einen kleinen Teller legen und mit etwas Sake beträufeln. Bei Verwendung von Wasabi-Pulver 1–2 Teelöffel davon in einen Eierbecher geben und mit 1–2 Teelöffeln Wasser zu einer dicken Paste verrühren. Den Eierbecher umdrehen, damit die Paste nicht austrocknet.

3 Das ganze Nori-Blatt in 8 Streifen von 18 x 2,5 cm und das halbe Blatt in 4 Streifen der gleichen Größe schneiden, was insgesamt 12 Streifen ergibt.

4 Die Hände in die Essig-Wasser-Lösung tauchen, 1–2 Esslöffel Reis auf eine Hand geben und zu einem länglich-ovalen Päckchen von 5 x 2 x 3 cm zusammendrücken. Das Reispäckchen mit einem Nori-Streifen umwickeln und die überlappenden Enden mit einem zerquetschten Reiskorn festkleben. 2 Teelöffel Lachsrogen und einige Kapern als Belag auf den Reis geben. 3 weitere Sushi mit Rogen und Kapern belegen, 4 Sushi mit weißem Krabbenfleisch und etwas Lachsrogen sowie 4 Sushi mit vorgewürztem Krabbenfleisch und einem winzigen Klecks Wasabi obenauf.

5 Die fertigen Sushi auf einer Platte anrichten und mit eingelegtem Ingwer und Sojasauce als Party-Snack servieren. Werden die Sushi portionsweise angerichtet, reicht man die Sojasauce in kleinen Schälchen dazu.

½ der angegebenen Menge Sushi-Reis (s. S. 11)
4 kleine Blätter Lollo rosso
4 Blätter grüner Salat (Buttersalat)
4 kleine Blätter Eisbergsalat
japanische Sojasauce (*Shoyu*) zum Servieren

Essig-Wasser-Lösung (*Tezu*):
4 EL Reisessig
250 ml Wasser

Belag:
75 g geräucherter Schellfisch
1 Lorbeerblatt
1 TL Zucker
75 g geräucherter Lachs, fein gehackt
1 TL Zitronensaft
4–6 EL schwarzer Seehasenrogen
1 EL Kapern, abgetropft

Ergibt 12 Stück

1 Den Sushi-Reis nach Vorschrift zubereiten (s. S. 11). Die Zutaten für die Essig-Wasser-Lösung in einer kleinen Schüssel mischen und beiseite stellen.

2 Den Schellfisch und das Lorbeerblatt in einen Topf geben, mit kochendem Wasser bedeckt zum Kochen bringen, dann 5 Minuten leise köcheln lassen, bis der Fisch gar ist. Gründlich abtropfen lassen. Die Haut abziehen und alle Gräten entfernen. Den Fisch in eine Schüssel geben und mit einer Gabel zerpflücken. Den Zucker unterrühren und abkühlen lassen.

3 Den Räucherlachs mit Zitronensaft beträufeln.

4 Von den äußeren Salatblättern des Lollo rosso und des grünen Salats einen 3 cm breiten Querstreifen abschneiden. Aus den Herzblättern des Eisbergsalats kleine Schälchen von 7 cm Durchmesser formen.

5 Aus dem Sushi-Reis 12 länglich-ovale Päckchen formen (s. S. 20). 4 Reispäckchen in Streifen von Lollo rosso, 4 Päckchen in Streifen von grünem Salat wickeln und 4 weitere Päckchen in »Schalen« aus Eisbergsalat legen. 1–1½ Esslöffel Schellfisch auf den mit Lollo rosso umwickelten Päckchen, 1–1½ Esslöffel Räucherlachs auf den mit grünem Salat umwickelten Päckchen und 1–1½ Esslöffel Fischrogen auf den Päckchen in den Salatschalen verteilen. Den Schellfisch mit Rogen, den Räucherlachs mit einer Kaper und den Fischrogen mit ein paar Flocken Schellfisch garnieren.

6 Die Sushi auf einer großen Platte oder auf Portionstellern anrichten und mit einem Schälchen Sojasauce servieren.

Das Nori-Blatt wird hier durch Blattsalat ersetzt. Zum Einwickeln der Reispäckchen eignen sich am besten die Blätter von grünem Salat und Lollo rosso, während die Blätter vom Eisbergsalat dekorative Behältnisse ergeben.

Salat-Sushi

Uramaki ist eine Sushi-Rolle, bei der das Innere, also die Füllung, außen liegt. Diese Variante mit Garnelen-Tempura ist in Restaurants sehr beliebt. Das Nori-Blatt verhindert eine Vermischung von dem Essig aus dem Reis und dem Öl der ausgebackenen Garnelen. Das Ergebnis ist eine ungewöhnliche, aber sehr delikate Geschmackskomposition.

Sushi verkehrt
Uramaki

¾ der angegebenen Menge Sushi-Reis (s. S. 11)
2 Nori-Blätter
eingelegter Ingwer zum Servieren

Essig-Wasser-Lösung (*Tezu*):
2 EL Reisessig
125 ml Wasser

Garnelen-Tempura:
8 rohe Riesengarnelen, 4 davon komplett geschält, 4 mit intaktem Schwanz, ausgenommen
100 g Weizenmehl, gesiebt
4 EL schwarze oder weiße Sesamkörner
Salz
Sonnenblumenöl zum Frittieren

8 Cocktail-Spieße oder Bambusstäbchen
1 Bambusmatte (Makisu), mit Frischhaltefolie bedeckt

Ergibt 4 Rollen = 20 Stück

1 Den Sushi-Reis nach Vorschrift zubereiten (s. S. 11) und in 4 Portionen teilen. Die Zutaten für die *Tezu*-Lösung in einer kleinen Schüssel mischen. Jede Garnele vom Schwanzende her aufspießen, damit sie sich beim Garen nicht krümmt.

2 Die Bambusmatte auf einer sauberen, trockenen Arbeitsfläche ausbreiten.

3 Einen Wok oder einen Topf zu einem Drittel mit Öl füllen und dieses auf 170 °C erhitzen. Die richtige Temperatur ist erreicht, wenn ein Brotwürfel darin in etwa 60 Sekunden bräunt. Für den Ausbackteig 100 ml Wasser in eine Schüssel gießen, das Mehl hineinsieben und mit einer Gabel unterrühren. Die Garnelen nacheinander in den Tempura-Teig tauchen, dann 3–4 Minuten im heißen Öl frittieren, bis sie goldbraun sind. Herausnehmen und auf Küchenpapier abtropfen lassen, dann vorsichtig die Spieße herausziehen.

4 Das Nori-Blatt auf eine absolut trockene Arbeitsfläche legen. Die Hände in die *Tezu*-Lösung tauchen, eine Hand voll Sushi-Reis (2–3 gehäufte Esslöffel) nehmen und zu einer Rolle formen. Die Reisrolle mitten auf das Nori-Blatt setzen. Den Reis mit den Fingern gleichmäßig auf dem Blatt – bis direkt an den Rand – verteilen und mit 1 Esslöffel Sesamkörner bestreuen.

5 Das gefüllte Nori-Blatt umgedreht auf die Rollmatte legen.

6 Von den Garnelen 2 Stück auf halber Höhe so auf das Nori-Blatt legen, dass die Schwänze an den Enden überstehen (die Schwanzflossen können auch entfernt werden).

7 Die Uramaki mit Hilfe der Bambusmatte zu einer festen Rolle formen (s. S. 14–15). Die Rollmatte entfernen und die restlichen Rollen auf die gleiche Weise formen.

8 Die fertigen Rollen jeweils in 5 Stücke teilen und die Scheiben auf einer großen Platte oder auf Portionstellern anrichten. Mit eingelegtem Ingwer und einem Schälchen Sojasauce servieren.

Diese »Do-it-yourself-Sushi« sind genau das Richtige für eine Party. Alle Zutaten – vom Reis über die Nori-Blätter bis hin zu den Füllungen werden auf großen Platten angerichtet, und jeder Gast kann sich seine Temaki selbst rollen. Diese auch als California Roll bekannte Sushi-Variante enthält anstelle von rohem Fisch Räucherlachs und Avocado.

Selbstgerollte Sushi Temaki

¾ der angegebenen Menge Sushi-Reis (s. S. 11)
4 Nori-Blätter oder 8 Salatblätter
eingelegter Ingwer zum Servieren

Füllungen:

125 g geräucherter Lachs
4 Frühlingszwiebeln
6 cm eingelegter Daikon-Rettich
1 Avocado
Saft von 1 Zitrone

Ergibt 8 selbstgerollte Sushi

1 Den Sushi-Reis nach Vorschrift zubereiten (s. S. 11).

2 Den Lachs längs in 5 cm breite Streifen schneiden.

3 Die Frühlingszwiebeln längs in 8–10 cm lange hauchdünne Streifen schneiden. Den eingelegten Rettich in dünne Scheiben schneiden.

4 Die Avocado halbieren, entsteinen und behutsam schälen. Das Fruchtfleisch in dünne Scheiben schneiden und mit Zitronensaft beträufeln.

5 Die Nori-Blätter kurz über einer offenen Gasflamme oder auf der Herdplatte rösten, damit sie schön kross sind und ihr typisches Aroma entfalten. Jedes Blatt quer durchschneiden.

6 Den Sushi-Reis in eine Servierschüssel umfüllen und den Lachs, Frühlingszwiebeln und Avocado auf einer Platte anrichten. Alles zusammen mit den gerösteten Nori-Blättern und dem eingelegten Ingwer in Extraschalen servieren.

7 Die Temaki nach den Anleitungen auf den Folgeseiten füllen und zusammenrollen.

SUSHI VON HAND ROLLEN

▸ 2 Die gewählte Füllung diagonal (von der Blattmitte zum rechten oberen Rand) über den Reis legen.

▸ 1 Ein halbiertes Nori-Blatt mit der glatten Seite nach unten auf die Handinnenfläche legen. 2–3 Esslöffel Sushi-Reis darauf geben und mit der anderen Hand auf der rechten Blatthälfte verteilen.

3

4

▸ 3 Die rechte untere Ecke des Blattes mit der Füllung zur Mitte hin einrollen.

▸ 4 Das Blatt mitsamt Füllung zu einer Tüte drehen. Die Tüte evtl. mit einigen Reiskörnern am Blattrand zusammenkleben und festdrücken.

▸ 5 Sobald die Tüte fertig ist, wahlweise ein paar Spritzer Sojasauce, einige Scheiben eingelegten Ingwer oder etwas Wasabi-Paste über die Füllung geben.

5

Die aus Osaka stammende Battera zählt in Japan zu den populärsten Sushi-Zubereitungen. Sie wird entweder in einer Pressform hergestellt oder mit Hilfe einer Bambusmatte zu einer Rolle geformt und dann in mundgerechte Stücke geschnitten. In Restaurants und Geschäften findet man Battera oft eingehüllt in ein durchsichtiges Kombu-Blatt.

Makrelen-Sushi-Häppchen Battera

1 mittelgroße frische Makrele, etwa 400 g, filetiert
3–4 EL Reisessig
Salz
½ der angegebenen Menge Sushi-Reis (s. S. 11)

Essig-Wasser-Lösung (*Tezu*):
2 EL Reisessig
125 ml Wasser

Zum Servieren:
eingelegter Ingwer
japanische Sojasauce (*Shoyu*)

1 japanische Holzform oder ein rechteckiger Plastikbehälter (18 x 12 x 5 cm)

Ergibt 1 Battera = 16 Stück

1 Einige Stunden vor dem Reiskochen den Boden einer großen, flachen Schüssel mit einer dicken Salzschicht bedecken. Die Makrelenfilets mit der Haut nach oben in das Salz legen und mit reichlich Salz bedecken. Den Fisch 3–4 Stunden ziehen lassen, dann das Salz mit angefeuchtetem Küchenpapier abreiben. Alle Gräten mit einer Pinzette entfernen, dann die Filets in eine Schüssel legen, mit dem Reisessig übergießen und 30 Minuten marinieren.

2 Den Sushi-Reis nach Vorschrift zubereiten (s. S. 11). Die Zutaten für die *Tezu*-Lösung in einer kleinen Schüssel mischen.

3 Behutsam die Haut – am Schwanzende beginnend – von den Filets abziehen und diese mit der Hautseite nach unten auf ein Schneidebrett legen. Die dickeren Stellen schräg herausschneiden, damit die Filets schön gleichmäßig sind. Die Abschnitte zurückbehalten.

4 Eine angefeuchtete Holzform oder einen rechteckigen Plastikbehälter mit einem großen Stück Klarsichtfolie auskleiden.

5 Die Filets hineinlegen und die Zwischenräume mit den Fischabschnitten ausfüllen. Die Hände in die *Tezu*-Lösung tauchen, dann den Sushi-Reis auf den Fischfilets verteilen und fest andrücken. Die Pressform mit dem feuchten Holzdeckel verschließen bzw. bei Verwendung eines Plastikbehälters die überstehende Frischhaltefolie über den Reis schlagen, ein zurechtgeschnittenes Stück Pappe auflegen und mit einem Gewicht beschweren.

6 Die Pressform einige Stunden kühl stellen, aber nicht in den Kühlschrank. Kurz vor dem Servieren das Sushi herausnehmen und die Folie abziehen. Ein Messer mit einem essiggetränkten Geschirrtuch oder Küchenpapier abwischen und dann den Sushi-Block 3-mal längs und 3-mal quer durchschneiden, sodass 16 gleich große Stücke entstehen.

7 Die Sushi-Happen auf einer Platte anrichten und mit eingelegtem Ingwer und Sojasauce in separaten Schälchen servieren.

GEPRESSTE SUSHI

Masu-Zushi Oshi-Zushi mit Fisch

Oshi-Zushi (wörtlich: in der Form gepresstes Sushi), auch Bo-Zushi (Sushi in Stangenform) genannt, hält sich problemlos bis zu 36 Stunden und ist daher der meistverkaufte Imbiss in allen japanischen Flughäfen. Fernreisende kaufen diese Sushi gern als typisch japanisches Mitbringsel für ihre Freunde zu Hause. Masu-Zushi erfordert kein allzu großes Geschick und kann bereits am Vortag hergestellt werden.

1 Den Sushi-Reis nach Vorschrift zubereiten (s. S. 11). Die Zutaten für die *Tezu*-Lösung in einer kleinen Schüssel mischen und beiseite stellen.

2 Die geräucherten Fischstücke gleichmäßig auf dem Boden einer angefeuchteten Holzform verteilen bzw. einen großzügig mit Frischhaltefolie ausgelegten Plastikbehälter verwenden.

3 Die Hände in die Essig-Wasser-Lösung tauchen, den Sushi-Reis in die Form geben, auf dem Fisch verteilen und festdrücken. Die Holzform mit dem angefeuchteten Deckel verschließen. Bei Verwendung einer Plastikform den Reis mit der überstehenden Folie abdecken, ein passendes Stück Karton auflegen und mit einem Gewicht beschweren. Die Form 2–3 Stunden oder über Nacht kühl stellen (aber nicht im Kühlschrank).

4 Kurz vor dem Servieren den Sushi-Block aus der Form nehmen und die Folie abziehen. Ein scharfes Messer mit einem essiggetränkten Geschirrtuch oder Küchenpapier abwischen und den Block 3-mal längs und 3-mal quer durchschneiden, um 16 gleich große Stücke zu erhalten.

5 Die Masu-Zushi auf einer großen Servierplatte anrichten und jeweils mit einem Stückchen Zitrone garnieren. Dazu Schälchen mit eingelegtem Ingwer und japanischer Sojasauce reichen.

½ der angegebenen Menge Sushi-Reis (s. S. 11)

Essig-Wasser-Lösung (*Tezu*):
2 EL Reisessig
125 ml Wasser

Sushi-Belag:
150 g geräucherte Regenbogenforelle oder geräucherter Lachs, in dicke Scheiben geschnitten
2 Zitronenscheiben, in 16 fächerförmige Stückchen geschnitten

Zum Servieren:
eingelegter Ingwer
japanische Sojasauce (*Shoyu*)

1 japanische Holzform oder ein rechteckiger Plastikbehälter in der Größe 18 x 12 x 5 cm

Ergibt 1 Sushi-Block
= 16 Stück

½ der angegebenen Menge Sushi-Reis (s. S. 11)]

Kirschblüten-Sushi:

100 g Kabeljau- oder Schellfischfilet, gehäutet
2 EL Zucker
Salz und Pfeffer
rote Lebensmittelfarbe*

Frühlingsgrün-Sushi:

100 g ausgepalte grüne Erbsen
2 TL Zucker
Salz

Goldstern-Sushi:

2 Eier, verquirlt
1 EL Milch
1 EL Zucker

stern-, blüten-, karo- oder herzförmige Sushi-Förmchen oder entsprechende Ausstechformen

Ergibt 18–20 Stück

* **Wer keine Lebensmittelfarbe verwenden möchte, ersetzt den weißfleischigen Fisch durch gegrillten frischen Lachs und zerpflückt ihn mit der Gabel.**

1 Den Sushi-Reis nach Vorschrift zubereiten (s. S. 11).

2 Das Fischfilet in einen Topf geben und in heißem Wasser knapp garen. Das Filet abtropfen lassen, alle Gräten mit einer Pinzette entfernen, mit Küchenpapier trocken tupfen und in einen sauberen Topf legen. Das Filet mit einer Gabel zerpflücken, den Zucker und eine Prise Salz zugeben und bei schwacher Hitze unter ständigem Rühren etwa 2 Minuten garen, bis der Fisch ganz trocken und flockig ist. Von der roten Lebensmittelfarbe, falls verwendet, 1 Tropfen mit 1 Esslöffel Wasser verdünnen, dann rasch unterrühren, damit sich die Farbe gleichmäßig verteilt. Den Topf vom Herd nehmen und den Fisch abkühlen lassen. (Wahlweise frischen Lachs verwenden und wie oben beschrieben zubereiten oder Lachs aus der Dose zerpflücken.)

3 Leicht gesalzenes Wasser in einem Topf zum Kochen bringen und die Erbsen darin garen. Abtropfen lassen und mit Küchenpapier trocken tupfen, dann im Mörser oder in der Küchenmaschine zu einer glatten Paste verarbeiten. Den Zucker und eine Prise Salz unterrühren.

4 Einen kleinen Topf mit Öl ausstreichen und nicht zu stark erhitzen. Die Eier mit Milch und Zucker in einer Schüssel verschlagen, in den Topf gießen und unter ständigem Rühren mit einer Gabel zu cremigem Rührei stocken lassen. Vom Herd nehmen und abkühlen lassen.

5 Den Sushi-Reis in 3 Portionen teilen. Für die Kirschblüten-Sushi 1 Esslöffel von der rosafarbenen Fischmasse auf dem Boden einer kleinen Herzform verstreichen, dann 1 Esslöffel Reis darauf verteilen und festdrücken. Das Sushi auf einen Teller stürzen, sodass die Fischseite oben liegt. Weitere Sushi formen, bis Fischmasse und Reis aufgebraucht sind. In eine zweite Form (Raute oder Karo) Erbspüree und Reis und in eine dritte (Stern-)Form Rührei und Reis pressen. Bei Verwendung von gegrilltem Lachs eine vierte Form dazunehmen.

6 Die fertigen Sushi auf einer großen Servierplatte anrichten.

Sterne, Herzen und Blüten

Diese hübschen Sushi-Kreationen sind speziell für Kinder gedacht und haben die Form und Farbe von leckeren Keksen. Sushi-Förmchen gibt es in Japanläden zu kaufen, Sie können aber auch dekorative Ausstechformen nehmen, wie sie für Plätzchen verwendet werden.

SUSHI FÜR KINDER

Sushi für Kinder

¾ der angegebenen Menge Sushi-Reis (s. S. 11)
3 Nori-Blätter
japanische Sojasauce (*Shoyu*) zum Servieren

Essig-Wasser-Lösung (*Tezu*):
4 EL Reisessig
250 ml Wasser

Füllungen:
1 Ei, verschlagen
2 EL Zucker
6 cm Möhre, längs in 5 mm dicke Stäbchen geschnitten
2 dünne Frankfurter Würstchen (je 18 cm lang) oder 4 Wiener Würstchen (je 9 cm lang)
6 cm Gurke
75 g Lachs aus der Dose, abgetropft
1 EL Majonäse
Salz
Sonnenblumenöl zum Braten

1 japanische Omelett- oder eine Bratpfanne von 18 cm Durchmesser
1 Bambusmatte zum Rollen (Makisu)

Ergibt 6 Sushi-Rollen = 36 Stück

Die Zubereitung von Sushi für oder mit Kindern macht viel Spaß. Auf der Suche nach Rezepten für nicht-japanische Kinder stieß ich auf die Kombination von Würstchen und Fischstäbchen mit Sushi-Reis. Hier nun die japanische Variante von »Würstchen im Schlafrock«.

1 Den Sushi-Reis wie auf Seite 11 zubereiten und die Zutaten für die *Tezu*-Lösung in einer Schüssel mischen.

2 Das verschlagene Ei in eine Schüssel sieben, ½ Esslöffel Zucker und eine Prise Salz zugeben und rühren, bis sich Zucker und Salz aufgelöst haben. Eine Pfanne erhitzen und mit Sonnenblumenöl einpinseln.

3 Die Eimasse in die Pfanne gießen und gleichmäßig verteilen. Aufsteigende Bläschen mit einer Gabel einstechen. Nach 30 Sekunden das Omelett wenden und in 30 Sekunden auf der Unterseite goldgelb werden lassen. Vom Herd nehmen, das Omelett auf ein Schneidebrett legen und in der Mitte durchschneiden.

4 Die Möhrenstäbchen in etwa 250 ml kochendem Salzwasser 2–3 Minuten blanchieren. Die Temperatur reduzieren und 1½ Esslöffel Zucker und eine Prise Salz einstreuen. Weitere 2–3 Minuten köcheln lassen, dann den Topf vom Herd nehmen und die Möhren in der Kochflüssigkeit erkalten lassen.

5 Eine Omeletthälfte so auf ein Brett legen, dass die Schnittkante dem Körper zugewandt ist, und die Möhrenstäbchen entlang der Kante anordnen. Das Omelett gleichmäßig und fest zusammenrollen und das Ende mit einem Spieß feststecken. Mit der zweiten Omeletthälfte ebenso verfahren.

6 Die Würstchen garen und gründlich auf Küchenpapier abtropfen lassen. In 1 cm dicke Stäbchen schneiden. Das Gurkenstück dick abschälen und die Schale fein hacken.

7 Den Lachs in einer Schüssel mit der Gabel zerpflücken und Majonäse und eine Prise Salz unterrühren.

8 2 Sushi-Rollen mit Omelett-Füllung formen (s. S. 14–15; zuvor den Spieß entfernen), 2 Rollen mit 1 Frankfurter als Füllung und je 2 Rollen mit einer Füllung aus Lachspaste und Gurkenstückchen.

9 Jede Sushi-Rolle in 6 Stücke schneiden und auf einer großen Platte mit einem Schälchen japanischer Sojasauce servieren.

Sushi-Reis von Hand zu formen ist eine ziemlich klebrige Angelegenheit, und es erfordert sehr viel Geschick, identische Formen und Größen hinzubekommen. Das Problem lässt sich mit einem Eierbecher als Form umgehen. Die hier vorgestellten Sushi sind einfach herzustellen, sehen hübsch aus und schmecken gut.

Eierbecher-Sushi

¼ der angegebenen Menge Sushi-Reis (s. S. 11)
5–6 Scheiben Räucherlachs, etwa 125 g, halbiert
Zitronen- oder Limettenspalten zum Servieren

Essig-Wasser-Lösung (*Tezu*):
4 EL Reisessig
250 ml Wasser

1 kleiner Eierbecher

Ergibt 10–12 Stück

1 Den Sushi-Reis nach Vorschrift zubereiten (s. S. 11). Die Zutaten für die *Tezu*-Lösung in einer kleinen Schüssel mischen und beiseite stellen.

2 Den Eierbecher mit Frischhaltefolie auslegen; die Folie sollte am Rand überhängen. Den Eierbecher komplett mit Räucherlachs auskleiden, dabei alle Zwischenräume ausfüllen. 1 Esslöffel Sushi-Reis in den Eierbecher geben und mit dem Daumen festdrücken; den Becher nicht zu voll machen. Überstehenden Lachs abschneiden. Die Folie anheben und das geformte Sushi umgekehrt auf einen Teller legen. Nach dieser Methode weitere Sushi formen, bis alle Zutaten verbraucht sind.

3 Die fertigen Sushi auf einer Servierplatte anrichten und mit Zitronen- oder Limettenspalten garnieren.

Variante:
Aus 2 Eiern, 1 Teelöffel Zucker und einer Prise Salz ein weiches Rührei zubereiten. Abkühlen lassen. Den Eierbecher mit Frischhaltefolie auslegen. 1 Teelöffel Rührei auf dem Becherboden verteilen und leicht andrücken, sodass es den Eierbecher etwa zur Hälfte ausfüllt. 1 Esslöffel Sushi-Reis über das Rührei geben und mit dem Daumen festdrücken; den Becher nicht zu voll machen. Das Sushi mit der Folie aus dem Eierbecher heben und vorsichtig auf einen Teller stürzen. Aus dem restlichen Rührei und Reis weitere Sushi formen. Die Sushi mit einer Messerspitze rotem Kaviar garnieren.

Inari ist ein dem Ackerbau geweihter Schrein, und der Fuchs gilt als Götterbote, dem die Menschen im alten Japan »Abura-age« (frittierten Sojabohnenquark/Tofu) opferten. Inari-Zushi werden gern zum Picknick mitgenommen und schmecken vor allem Kindern gut.

Tofu-Säckchen Inari-Zushi

½ der angegebenen Menge Sushi-Reis (s. S. 11)
3 (frische oder tiefgefrorene) frittierte Tofu-Fladen (*Abura-age*)
200 ml Hühnerbrühe oder Wasser
3 EL Zucker
2 EL Mirin oder süßer Sherry
2 EL japanische Sojasauce (*Shoyu*)
2 getrocknete Shiitake-Pilze
5 cm Möhre, fein gehackt
1 EL Sake (nach Belieben)

Zum Servieren:
eingelegter Ingwer
japanische Sojasauce (*Shoyu*)

Ergibt 6 Tofu-Säckchen

1 1. Den Sushi-Reis nach Vorschrift zubereiten (s. S. 11).

2 Die frittierten Tofu-Fladen auf ein Brett legen und mehrmals mit einem Nudelholz darüber rollen. Dadurch entsteht eine Art Tasche. Die Tofu-Fladen in eine Rührschüssel legen, mit kochendem Wasser übergießen und stehen lassen – das entzieht dem Tofu überschüssiges Fett.

3 Die Taschen in der Mitte durchschneiden und jede Hälfte vorsichtig auseinander ziehen.

4 Die Hühnerbrühe mit 2 Esslöffeln Zucker in einem Topf zum Kochen bringen. Die Tofu-Taschen hineinlegen und 3 Minuten bei mittlerer Hitze kochen, dann je 1 Esslöffel Mirin und Sojasauce zugeben. Bei schwacher Hitze etwa 10 Minuten weiterköcheln lassen, bis die Flüssigkeit verdampft ist. Von der Kochstelle nehmen und die Taschen auf einen Teller legen.

5 Die getrockneten Shiitake mindestens 30 Minuten in warmem Wasser einweichen, dann abtropfen lassen; das Einweichwasser auffangen. Die Stiele abtrennen und die Pilzhüte fein hacken. 50 ml vom dem Einweichwasser in einen Topf geben und mit dem restlichen Zucker sowie Mirin, Sojasauce und Sake zum Kochen bringen. Möhre und Pilze zugeben und 3–4 Minuten leise köcheln lassen, bis fast die ganze Flüssigkeit verkocht ist. Abkühlen lassen.

6 Die Möhren-Pilz-Mischung unter den noch warmen Sushi-Reis rühren. Die Hände in eine *Tezu*-Lösung (aus 2 Esslöffeln Reisessig und 125 ml Wasser) tauchen und aus dem Reis 6 gleich große Kugeln formen. Überschüssige Flüssigkeit aus den Tofu-Taschen herausdrücken und die Reisbälle in die Taschen stopfen. Nach Belieben die Ränder der Tasche nach innen einschlagen. Man kann auch einige Säckchen halbieren und die Ecken mit Reis ausstopfen.

7 Die Tofu-Säckchen auf einer großen Platte anrichten und mit eingelegtem Ingwer und Sojasauce servieren.

UMHÜLLTE SUSHI

Omelett-Sushi
Fukusa-Zushi

Fukusa ist eine kleine, auf spezielle Art gefaltete Serviette, die man bei der berühmten traditionellen japanischen Teezeremonie benutzt. Sie hat dieser Sushi-Kreation ihren Namen gegeben.

½ der angegebenen Menge Sushi-Reis (s. S. 11)
10 Eier
2 EL Zucker
½ TL Meersalz
1 TL Maisstärke, mit 1 TL Wasser angerührt
2 EL (schwarze oder weiße) Sesamkörner
50 g Sardellenfilets, fein gehackt
1 Bund japanische Petersilie (*Mitsuba*; nach Belieben)
Sonnenblumenöl zum Braten

Zum Servieren:
eingelegter Ingwer
japanische Sojasauce (*Shoyu*)

Ergibt 8 Stück

1 Den Sushi-Reis nach Vorschrift zubereiten (s. S. 11).

2 Die Eier mit einer Gabel verschlagen. In eine Schüssel sieben, Zucker, Salz und angerührte Maisstärke zugeben und kräftig verrühren, bis sich Zucker und Salz aufgelöst haben.

3 Etwas Öl in eine Pfanne von 20 cm Durchmesser (oder eine rechteckige, 20 x 20 cm große japanische Pfanne) gießen und mit Küchenpapier auf dem Pfannenboden verteilen. Von der Eimasse eine kleine Kelle voll abnehmen und durch Schräghalten der Pfanne verteilen. Bei milder Hitze braten, bis die Eimasse stockt, das Omelett wenden und auf der Unterseite braten, bis es fest, aber noch nicht gebräunt ist. Das fertige Omelett auf einen Teller gleiten und abkühlen lassen. Nach dieser Methode weitere 8 Omeletts zubereiten.

4 Die Sesamkörner in einen kleinen Topf geben und bei mittlerer Hitze rösten, bis sie aufplatzen. Von der Kochstelle nehmen und die Körner im Mörser grob zerstoßen.

5 Die Sardellenfilets und die Sesamkörner unter den noch warmen Reis rühren. Die Hände mit *Tezu*-Lösung (aus 2 Esslöffeln Reisessig und 125 ml Wasser) anfeuchten und die Reismischung in 8 gleiche Portionen teilen.

6 Ein Omelett auf ein Brett legen und ein Reisbällchen in die Mitte setzen. Das Reisbällchen so einschlagen, dass ein kleines Päckchen entsteht. Auf diese Weise auch die anderen Omeletts verarbeiten oder kleine »Geldsäckchen« wie auf der Abbildung formen.

7 Die Päckchen gegebenenfalls mit Mitsuba verschnüren (pro Päckchen 2 Stängel verwenden). Dazu die Stängel des Krautes etwa 30 Sekunden in kochendem Wasser einweichen. Die Sushi mit Ingwer und Sojasauce servieren.

2 mittelgroße Kalmare, gesäubert
3 EL Sake
2–3 EL Reisessig
2 EL Zucker
1 EL Mirin oder süßer Sherry
2 EL japanische Sojasauce (*Shoyu*)
50 g gehacktes Hühner- oder Rindfleisch
2 cm frischer Ingwer, geschält und fein gehackt
⅓ der angegebenen Menge Sushi-Reis (s. S. 11)
eingelegter Ingwer zum Servieren

Ergibt 10 bis 12 Stück

1 Die dünne Außenhaut von Mantel und Flossen der Kalmare abziehen. Das gelingt am besten, wenn man die Flossen dabei festhält. Die Flossen und Fangarme vom Körper schneiden. Die Körper mit 1 Esslöffel Sake in einen Topf geben, mit kochendem Wasser aufgießen und 1–2 Minuten leise köcheln lassen, aber nicht übergaren. Die Kalmare abtropfen lassen, dann mit einem feuchten Tuch abreiben und mit dem Reisessig beträufeln, damit sie schön weiß bleiben. Die Flossen und Fangarme klein hacken.

2 Den restlichen Sake mit Zucker, Mirin und Sojasauce in einen Topf geben und bei mittlerer Hitze aufkochen lassen. Das Hackfleisch, die gehackten Flossen und Fangarme und den Ingwer zugeben und unter kräftigem Rühren mit einer Gabel das Fleisch garen. Das Hackfleisch mit einem Schaumlöffel herausnehmen, den Saft abfließen lassen und das Fleisch in eine Schüssel umfüllen. Die Garflüssigkeit bei starker Hitze 1–2 Minuten sämig einkochen lassen. Das Hackfleisch zurück in den Topf geben und rühren, bis es die dickliche Sauce ganz aufgesogen hat, dann von der Kochstelle nehmen.

3 Den Sushi-Reis nach Vorschrift zubereiten (s. S. 11) und die Hackfleischmischung unter den noch warmen Reis rühren. Die Masse jeweils zur Hälfte in die Körperbeutel der Kalmare einfüllen und gut festdrücken. Die gefüllten Kalmare mit einem scharfen Messer in jeweils 5–6 Scheiben schneiden.

4 Auf Serviertellern anrichten und eingelegten Ingwer dazu reichen.

Sushi im Kalmarmantel Ika-Zushi

Sushi-Zubereitungen enthalten höchst selten Fleisch, doch das süßlich gewürzte Hackfleisch passt gut zum säuerlichen Reis. Die Mischung wird oft als eigenständiges Gericht gegessen und auch gern als Füllmasse für Kalmartuben (Tintenfisch) verwendet. Wer kein Fleisch mag, kann die Flossen und Fangarme der Tintenfische unter den Reis mischen, muss dann aber die Flüssigkeit einkochen lassen.

Handgeformte Sushi Nigiri

Von Hand geformtes Sushi ist die kunstvollste aller Sushi-Kreationen. Die Zubereitung von Nigiri-Zushi erfordert viel Übung und Geschick und ist selbst in Japan meist den Restaurants vorbehalten.

⅓ der angegebenen Menge Sushi-Reis (s. S. 11)

Essig-Wasser-Lösung (*Tezu*):
4 EL Reisessig
250 ml Wasser

Beläge:
2 rohe Riesengarnelen
1 frisches Thunfisch- oder Lachsfilet (etwa 100 g), gehäutet
1 frisches Meerbrassenfilet (etwa 100 g), gehäutet
100 g Kalmar, gesäubert und gehäutet
2 Eier, verschlagen
2 EL Hühnerbrühe
1 TL Mirin oder süßer Sherry
1 TL japanische Sojasauce (*Shoyu*)
2 TL Wasabi-Paste oder -Pulver
2 Shiso-Blätter oder Basilikumblätter
1 kleines Stück Nori, in 5 mm breite Streifen geschnitten
Salz

Zum Servieren:
eingelegter Ingwer
japanische Sojasauce (*Shoyu*)

1 Bambusmatte zum Rollen (Makisu)

Ergibt 8–10 Stück

1 Den Sushi-Reis nach Vorschrift zubereiten (s. S. 11). Die Zutaten für die *Tezu*-Lösung in einer kleinen Schüssel mischen und beiseite stellen.

2 Jede Garnele mit einem Bambusstäbchen vom Schwanzende her aufspießen. Die Garnelen 2 Minuten in kochendem Wasser blanchieren, bis sie so eben gar sind. Abgießen und unter fließendem kaltem Wasser abspülen. Die Spieße herausziehen, die Garnelen schälen und den Darm entfernen. An der Unterseite aufschlitzen und aufklappen.

3 Die Fischfilets in rechteckige Stücke von 7 x 3 x 1 cm schneiden. Den Kalmar auf die entsprechende Größe zurechtschneiden und rundum einritzen, damit er zarter wird.

4 Aus den Eiern, der Hühnerbrühe, dem Reiswein und der Sojasauce ein Omelett backen (s. S. 60). Das gerollte Omelett auf eine Bambusmatte legen und zu einem flachen Rechteck ausrollen. Sobald es abgekühlt ist, daraus 2 Stücke von 7 x 3 x 1 cm Größe schneiden.

5 Die Wasabi-Paste mit 2 Teelöffeln Wasser in einem Eierbecher zu einer Paste verrühren.

6 Die Hände in die *Tezu*-Lösung tauchen, etwa 1–2 Esslöffel Reis in die Hand nehmen und zu einer 5 x 2 x 2 cm großen Rolle formen. Etwas Wasabi-Paste darauf verteilen und mit einer aufgeklappten Garnele belegen.

7 Ein weiteres Sushi von Hand formen und mit der zweiten Garnele belegen. 2 Sushi mit Thunfisch oder Lachs, 2 Sushi mit Meerbrasse, 2 Sushi mit Kalmar auf einem Shiso-Blatt und 2 Sushi mit Omelett belegen. Bei dem Nigiri-Zushi mit Omelett die Wasabi-Paste weglassen und den Sushi-Happen mit einem etwa 5 mm breiten Streifen Nori umwickeln.

8 Die fertigen Nigiri-Zushi auf einer Servierplatte anrichten und mit eingelegtem Ingwer garnieren. Ein Schälchen Sojasauce getrennt dazu reichen. Oder die Sushi-Happen auf kleinen Tellern als Party-Snack oder als Vorspeise eines Menüs servieren.

HANDGERFORMTE SUSHI

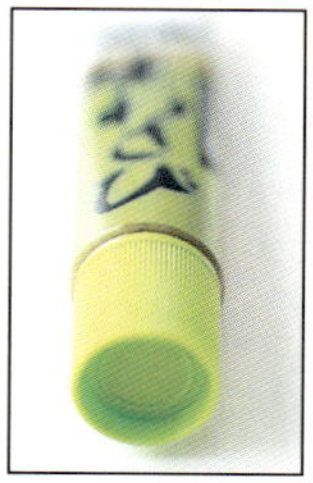

Man kann Nigiri-Zushi auch in Salatblättern anrichten. Die »Schiffchen« sind ein reizvoller Anblick und einfacher zu handhaben und zu verspeisen.

Salatschiffchen

½ der angegebenen Menge Sushi-Reis (s. S. 11)

Essig-Wasser-Lösung (*Tezu*):
4 EL Reisessig
250 ml Wasser

Nigiri-Beläge:
100 g Rinderfilet, etwa 7 cm dick
Pflanzenöl zum Einreiben
1 Rollmops
8 Spargelspitzen
2 TL Wasabi-Paste oder -Pulver
4 längliche, knackige Salatblätter (z. B. von Little Gem)
8 kleine Chicorée-Blätter

Zum Servieren:
Kresse oder gehackte Frühlingszwiebeln
1 schmaler Streifen Nori
1 Frühlingszwiebel, fein gehackt
2,5 cm frischer Ingwer, geschält und geraspelt
2 EL Weißwein
1½ EL japanische Sojasauce (*Shoyu*)
Saft von ½ Zitrone

Ergibt 12 Stück

▸ 1 Den Sushi-Reis nach Vorschrift zubereiten (s. S. 11). Die Zutaten für die *Tezu*-Lösung in einer kleinen Schüssel mischen und beiseite stellen.

▸ 2 Das Rinderfilet rundum mit Pflanzenöl einreiben. Bei starker Hitze grillen, bis es außen goldbraun ist, in der Mitte aber noch einen rosa Kern hat. Danach sofort in Eiswasser tauchen. Das Fleisch aus dem Wasser nehmen, mit Küchenpapier trocken tupfen und in 4 dünne Scheiben von etwa 7 x 4 cm schneiden.

▸ 3 Den Rollmops in 4 gleich große Stücke teilen und jedes Stück auf der Hautseite längs einritzen.

▸ 4 Die Spargelspitzen 5 Minuten in Salzwasser kochen, bis sie weich sind. Das Wasser abgießen und die Spitzen unter fließendem kaltem Wasser abschrecken. Mit Küchenpapier trocken tupfen.

▸ 5 Die Wasabi-Paste mit 2 Teelöffeln Wasser in einem Eierbecher zu einer Paste verrühren.

▸ 6 Die Hände mit der *Tezu*-Lösung anfeuchten, 1–2 Esslöffel Reis von Hand zu einem länglich-ovalen Päckchen (etwa 5 x 2 x 2 cm) formen. Aus dem restlichen Sushi-Reis weitere 11 Päckchen formen. Jeweils 1 Messerspitze Wasabi-Paste auf 4 Reispäckchen geben.

▸ 7 Auf die 4 mit Wasabi bestrichenen Reispäckchen jeweils eine Scheibe Rinderfilet legen, wobei die kurzen Enden etwas überstehen. Das Fleisch mit etwas Kresse garnieren und die belegten Reispäckchen auf die 4 länglichen Salatblätter setzen.

▸ 8 Auf 4 Reispäckchen jeweils 2 Spargelspitzen legen, andrücken und mit einem Nori-Streifen festbinden. Die restlichen 4 Reisportionen mit je einem Stück Rollmops belegen und diesen mit Frühlingszwiebeln und Ingwer spicken. Jedes Sushi-Päckchen auf ein Chicorée-Blatt setzen und auf einer Servierplatte anrichten. Aus Weißwein, Sojasauce und Zitronensaft eine Sauce rühren und mit Sojasauce zu den Salatschiffchen reichen.

Gomoku-Zushi heißt wörtlich übersetzt »Fünferlei Sushi« und enthält im Allgemeinen 5–8 verschiedene Zutaten. Die hier vorgestellte Standardmischung ist in Japan ein beliebtes, weil einfach zubereitetes Mittagessen.

Sushi-Schüssel-gerichte

1 Rezept Sushi-Reis (s. S. 11)

Sushi-Beläge:
3–4 getrocknete Shiitake-Pilze
6 EL Zucker
3 EL japanische Sojasauce (*Shoyu*)
½ Möhre, in hauchdünne, 2 cm breite Streifen geschnitten
200 ml Hühnerbrühe oder Wasser
1 EL Sake
50 g grüne Bohnen, geputzt
½ kleine Lotuswurzel (*Renkon*; nach Belieben)
200 ml Reisessig
2 Eier
Salz
Sonnenblumenöl zum Braten

Für 4–6 Personen

1 Die getrockneten Pilze 30 Minuten in warmem Wasser einweichen. Das Einweichwasser auffangen, die Pilze abtropfen lassen, die Stiele abschneiden und wegwerfen. Die Pilzhüte in hauchdünne Scheiben schneiden. Die Shiitake-Pilze mit 100 ml Einweichwasser, 2 Esslöffeln Zucker und 2 Esslöffeln Sojasauce in einem kleinen Topf zum Kochen bringen, dann 10 Minuten leise köcheln lassen, bis die Flüssigkeit nahezu verkocht ist. In eine Schüssel umfüllen und abkühlen lassen.

2 Die Möhren mit Wasser bedeckt in einem Topf kurz aufkochen, dann in einem Durchschlag gründlich abtropfen lassen. Hühnerbrühe oder Wasser in den Topf gießen, die restliche Sojasauce und den Sake zugeben und zum Kochen bringen. Die Möhren zugeben und 3–4 Minuten kochen, dann in eine Schüssel umfüllen und abkühlen lassen.

3 Leicht gesalzenes Wasser zugießen und die Flüssigkeit erneut aufkochen lassen. Die Bohnen zugeben und in 2 Minuten so eben weich kochen. Abgießen und unter fließendem kaltem Wasser abspülen. Die Bohnen mit Küchenpapier trocken tupfen und schräg in 5 cm lange Stücke schneiden.

4 Die Lotuswurzel, falls verwendet, schälen und in dünne Scheiben schneiden. Wasser in einem kleinen Topf zum Kochen bringen, 1 Esslöffel Reisessig zugeben und die Lotuswurzel darin so eben weich kochen. Die Scheiben abtropfen lassen und in eine große Schüssel geben. Restlichen Reisessig und Zucker mit 2 Teelöffeln Salz aufkochen lassen und rühren, bis Zucker und Salz aufgelöst sind. Von der Kochstelle nehmen und die Lotusscheiben 20 Minuten in der Flüssigkeit marinieren.

5 Die Eier mit einer Prise Salz verschlagen. Eine kleine Bratpfanne von 20 cm Durchmesser erhitzen, mit Sonnenblumenöl einpinseln und die Eimasse darin stocken lassen. Das Omelett auf ein Brett legen und in feine, 5 cm lange Streifen schneiden.

6 Den Sushi-Reis nach Vorschrift zubereiten (s. S. 11), in eine saubere Schüssel umfüllen und Alles – bis auf die Omelettstreifen und ein paar Bohnen – behutsam untermischen. In Servierschalen umfüllen, mit Omelettstreifen und Bohnen garnieren und servieren.

SUSHI IN SCHALEN

½ der angegebenen Menge Sushi-Reis (s. S. 11)

Sashimi (zur Auswahl):
2 rohe Riesengarnelen, geschält, aber mit intakter Schwanzflosse
1 Octopus-Fangarm
125 g frischer Thunfisch und/oder Lachs
1 Steinbuttfilet, etwa 75 g
1 kleiner Kalmar, gesäubert und gehäutet
2 große getrocknete Shiitake-Pilze
1 TL Zucker
1 TL Reiswein (*Mirin*)
Salz

Zum Servieren:
1 Stück Gurke, etwa 4 cm lang
lachsfarbener eingelegter Ingwer
Wasabi-Paste
japanische Sojasauce (*Shoyu*)

Für 2 Personen

1 Den Sushi-Reis nach Vorschrift zubereiten (s. S. 11).

2 Leicht gesalzenes Wasser in einem Topf zum Kochen bringen und die Garnelen darin 1–2 Minuten pochieren, bis sie so eben rosa sind. Mit einer Schaumkelle herausnehmen, unter fließendem, kaltem Wasser abspülen, dann mit Küchenpapier trocken tupfen.

3 Das Wasser im Topf erneut aufkochen lassen und den Octopus-Fangarm darin 7–8 Minuten kochen. Abgießen, den Fangarm unter fließendem, kaltem Wasser abschrecken, dann mit Küchenpapier trocken tupfen und in dünne Scheiben schneiden.

4 Den Fisch jeweils in 4 Scheiben schneiden.

5 Den Kalmar mit der Hautseite nach oben auf ein Brett legen und das Fleisch erst längs, dann quer tief einritzen. In eine Schüssel legen, mit kochendem Wasser übergießen und abtropfen lassen. Sofort in kaltes Wasser tauchen, dann mit Küchenpapier trocken tupfen und in 4 mundgerechte Stücke schneiden.

6 Die Trockenpilze 30 Minuten in warmem Wasser einweichen. Das Wasser auffangen, die Stiele abtrennen und die Pilzhüte mit Zucker, Reiswein und einer Prise Salz in einen Topf geben. So viel Einweichwasser zugießen, dass die Pilze bedeckt sind. Zum Kochen bringen und 4–5 Minuten köcheln lassen, bis die Flüssigkeit stark reduziert ist. Die Pilze in der Restflüssigkeit abkühlen lassen.

7 Von dem Gurkenstück 2 breite Streifen mit Schale abschneiden und diese mehrmals an einer Seite quer einschneiden, dabei eine Seite ganz lassen. Die Gurkenstücke zu einem Fächer ausbreiten.

8 Den Sushi-Reis auf 2 Schalen verteilen und Fisch und Meeresfrüchte mit Gurkenfächer, Shiitake und einigen Ingwerscheibchen dekorativ darauf anordnen. Die Schalen auf kleinen Tellern mit einem Klecks Wasabi-Paste und einem Schälchen Sojasauce servieren.

Sushi in der Schale Edomae Chirashi-Zushi

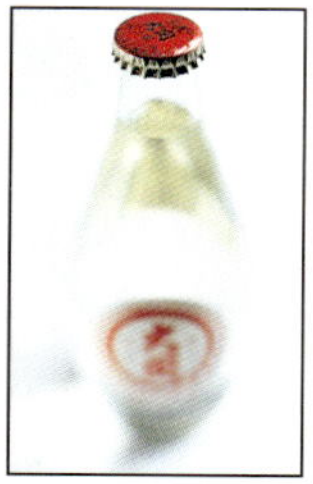

Eine Schale Sushi mit Sashimi als Belag wird besonders in Tokio geschätzt. In Restaurants umfasst Sashimi alles, was fangfrisch aus dem Meer kommt, sei es Thunfisch, Meerbrasse, Aal, Schellfisch, aber auch rohe Garnelen und Fischrogen.

Diese moderne Variante von Chirashi-Zushi ist mit »Blütenblättern« aus Radieschen und Ei verziert und wird in Japan gern zu festlichen Anlässen im Frühling serviert.

Frühlingshaftes Sushi

1 Rezept Sushi-Reis (s. S. 11)

»Radieschenblüten«:

4–5 Radieschen, geputzt
2 EL Reisessig
2 EL Zucker

»Eierblüten«:

1 Ei, verschlagen
¼ TL Maisstärke, mit etwas Wasser angerührt
Sonnenblumenöl zum Braten

Belag (zur Auswahl):

5 getrocknete Shiitake-Pilze
5 EL Zucker
2½ EL Mirin
1 TL japanische Sojasauce (*Shoyu*)
50 ml Hühnerbrühe
½ Möhre, in 2–3 cm dicke Stifte geschnitten
25 g Zuckerschoten, geputzt
75 g Kabeljaufilet
1 EL Sake
rote Lebensmittelfarbe (nach Belieben)
3 EL weiße Sesamkörner, in einer trockenen Pfanne angeröstet
200 g kleine Garnelen, geschält und so eben gegart
Salz

Ausstechförmchen in Blütenmotiven oder ein kleines scharfes Messer

Für 4–6 Personen

1 Den Sushi-Reis nach Vorschrift zubereiten (s. S. 11).

2 Aus jedem Radieschen eine Spalte herausschneiden, dann das Radieschen quer in 5 bis 6 Scheiben schneiden. Reisessig und Zucker in einer Schüssel verrühren, bis der Zucker aufgelöst ist. Die Scheiben hineinlegen und ein paar Stunden oder über Nacht ziehen lassen.

3 Das Ei mit einer Prise Salz und der angerührten Maisstärke mischen. Eine kleine Bratpfanne erhitzen, mit Öl einpinseln, die Eimasse hineingießen und stocken lassen. Aus dem Omelett Herzen oder Blüten ausstechen oder entsprechende Motive ausschneiden.

4 Die Pilze 30 Minuten in warmem Wasser einweichen. Die Pilze abtropfen lassen, die Stiele abtrennen und die Hüte quer in Scheibchen schneiden. Die Pilzscheiben mit 100 ml Einweichwasser und 2 Esslöffeln Zucker in einem Topf aufsetzen und 3–4 Minuten kochen. Mirin und Sojasauce zugießen und köcheln lassen, bis die Pilze die Flüssigkeit fast aufgesogen haben.

5 Die Brühe in einen Topf gießen und mit ½ Teelöffel Zucker, einer Prise Salz und den Möhrenstiften zum Kochen bringen. 2–3 Minuten kochen, dann in der Flüssigkeit abkühlen lassen.

6 Die Zuckerschoten in Salzwasser blanchieren, abschrecken und schräg in Rauten schneiden.

7 Das Fischfilet 3–4 Minuten leise in Wasser köcheln und dann abtropfen lassen. Die Haut abziehen und alle Gräten entfernen. Das Filet in einen sauberen Topf geben, 1 Esslöffel Sake, den restlichen Zucker und eine Prise Salz zugeben und bei schwacher Hitze mit einer Gabel zerpflücken und weitergaren. Die Lebensmittelfarbe, falls verwendet, in etwas Wasser auflösen und rasch unter den geflockten Fisch rühren, um ihn rosa einzufärben (*Soboro*).

8 Shiitake, Möhrenstifte, Fischflocken, Garnelen und Sesamkörner unter den noch warmen Reis mischen, mit »Radieschen« und »Eierblüten« garnieren und zu Tisch bringen.

Der für Sashimi verwendete Fisch muss absolut frisch sein. Kaufen Sie daher nur fangfrischen Fisch aus sicherer Quelle. Ein kundenfreundlicher Fischhändler filetiert Ihnen den Fisch zwar im Laden, aber am besten machen Sie das unmittelbar vor dem Servieren selbst.

Klassische Sashimi

1 Meerbrassenfilet
1 Zitronenscheibe, in 8 fächerförmige Stücke geschnitten
1 kleine frische Makrele
Salz
Essig
150 g Thunfisch
150 g Lachsfilet
1 kleiner Kalmar, gesäubert und gehäutet
1 Stück Daikon-Rettich, etwa 5 cm lang, geschält
4 Shiso-Blätter (nach Belieben)

Zum Servieren:
4 TL Wasabi-Paste oder -Pulver (s. S. 62)
japanische Sojasauce (*Shoyu*)

Für 4 Personen

1 Das Meerbrassenfilet mit der Hautseite nach unten auf ein Schneidebrett legen. Die Haut mit einer Hand festhalten, das Filetiermesser am Schwanzende zwischen Haut und Fleisch ansetzen, sodass die Schneide fast parallel zur Haut verläuft, und das Fleisch von sich weg mit einer sägenden Bewegung abschneiden. Das gehäutete Filet in 8 Stücke von je 1 cm Stärke schneiden. Jedes Stück einritzen und ein fächerförmiges Zitronenstückchen einstecken.

2 Die Makrele nach den Anweisungen auf Seite 30 einsalzen und in Essig einlegen, dann die Filets – wie oben – in 1 cm dicke Stücke schneiden.

3 Thunfisch und Lachs jeweils in 8 mundgerechte Stücke (etwa 6 x 3 x 1 cm) schneiden.

4 Den Kalmar in 8 Stücke schneiden und jedes Stück längs mehrmals bis fast an den Rand einschneiden.

5 Den Daikon-Rettich mit einem Gemüsehobel oder einem scharfen Messer in feine Streifen hobeln bzw. schneiden. Die Rettichschnitzel 30 Minuten in eine mit Eiswasser gefüllte Schüssel geben, damit sie schön knackig werden. Das Wasser abgießen, den Rettich abtropfen lassen und mit Küchenpapier trocken tupfen.

6 Zum Servieren die Rettichschnitzel bergartig auf 4 Serviertellern anrichten und jeweils mit einem Klecks Wasabi-Paste und einem Shiso-Blatt garnieren. Fisch und Kalmar gleichmäßig auf die Teller verteilen und mit einem Schälchen Sojasauce servieren.

SASHIMI

Sashimi-Salat mit halbrohem Thunfisch

Es kostet wahrscheinlich einige Überwindung, rohen Fisch zu essen. Zunächst kann man es mit blanchiertem oder angebratenem Thunfischfilet auf Salat versuchen. Auch Steinbutt und Lachs eignen sich.

200 g frischer Thunfisch oder Schwertfisch, gehäutet
Blätter von grünem Salat
1 Büschel Samtfußrüblinge (*Enokitake*), geputzt und getrennt

Wasabi-Dressing:
Saft von 1 Zitrone
2 TL Wasabi-Paste
1½ EL japanische Sojasauce (*Shoyu*)

Für 4 Personen

1 Den Thunfisch oder Schwertfisch auf jeder Seite etwa 1 Minute auf höchster Stufe grillen, sodass der Fisch außen leicht angesengt, innen aber noch roh ist. Dann sofort in Eiswasser tauchen, abtropfen lassen und mit Küchenpapier trocken tupfen. Den Fisch in 5 mm dicke Scheiben schneiden.

2 Zitronensaft, Wasabi-Paste und Sojasauce in einer kleinen Schüssel verrühren und beiseite stellen.

3 Eine große Servierplatte mit Salatblättern auslegen, die Pilze darüber streuen und den halbrohen Fisch darauf anrichten. Kurz vor dem Servieren den Fisch mit dem Dressing beträufeln.

activities can be integrated into practice and need not be considered a separate activity. As a result, there have been numerous requests for information about this pragmatic, practice-based, action-oriented quality assurance program. It was, therefore, a logical decision to develop this information into a book.

The book has been written primarily for the nurse who coordinates the process and facilitates the work for staff. In the past, quality assurance manuals have generally focused on the purpose and benefits of quality assurance. Nurses have often found it difficult to adapt the process described to the clinical problems to be studied. This book is unique in that it describes a method of making the staff nurse a primary focus in evaluating quality of care and identifies practical methods to do so.

Historically, as nurses rose on the hierarchical ladder in an institution, their responsibilities for quality control increased. Staff nurses were seen as important, but not integral, to the quality assurance process. As time has passed, the staff nurse role in quality assurance programs has increased, but only recently have managers begun to acknowledge that this group of practitioners should be primary to the process. The nurse at the bedside is better able to identify important issues relative to quality of care than those who are not clinically active. It is also apparent that, unless the problem addressed is pertinent to the staff, changes in practice are more difficult to achieve. By involving the nurse in the entire process (from problem identification through study development and data collection all the way to development and institution of corrective action), the process can be changed from one required by managers to one requested by staff.

To facilitate its use, the book is divided into three sections. In the first section, the unit-based system and its evolution are described. Suggestions for implementation and strategies for maintaining the program are included. This section closes with a conceptual framework for identifying accountability for quality of care within a nursing department from the perspective of a nurse-administrator. It is hoped this first section will provide the reader with sufficient background to pursue action in quality assurance.

The second section could be considered the "nuts and bolts" of an action-oriented quality assurance program. It begins with an overview of the quality assurance process. Then, various methods available for performing evaluation studies (or audits, as they are sometimes called) are described in detail. Numerous examples of topics, tools, studies, and results make this section rich for the practicing nurse. In the last chapter of this section practical aspects of working on multidisciplinary studies are discussed.

The final section of this book deals with refining quality assurance programs in light of program evaluation and future trends.

The unit-based approach to nursing quality assurance is a system that works. Although it was developed and refined at St. Michael Hospital, it can be instituted in any agency that has identified units (or groups), leaders for those groups, and a

Japanisches Omelett

Tamago Yaki

Ein japanisches Omelett, wie man es in Japan zum Frühstück isst oder für Sushi-Spezialitäten verwendet, wird nach folgendem Grundrezept zubereitet.

4 Eier
1 Eigelb
2½ EL Zucker
1 TL japanische Sojasauce (*Shoyu*)
Salz
1–2 EL Sonnenblumenöl

1 rechteckige japanische Omelettpfanne (oder eine Bratpfanne von 18 cm Durchmesser)
1 Paar Hashi (Kochstäbchen) oder 1 Gabel

Ergibt 1 Omelett

1 Eier und Eigelb mit einer Gabel verschlagen und durchsieben. Zucker, Sojasauce und eine Prise Salz zugeben und rühren, bis der Zucker aufgelöst ist, die Eimasse aber nicht schaumig schlagen.

2 Eine Pfanne erhitzen und etwas Öl hineingießen. Das Öl durch Schwenken gleichmäßig auf dem Pfannenboden verteilen und überschüssiges Öl mit Küchenpapier aufnehmen; dieses dann auf einen Teller legen.

3 Die Hitze reduzieren, ein Drittel der Eimasse in die Pfanne gießen und gleichmäßig auf dem Pfannenboden verteilen. Bilden sich unverzüglich große Luftblasen, ist die Pfanne zu heiß. Von der Kochstelle nehmen und erst wieder auf den Herd stellen, wenn die Eimasse zu stocken beginnt.

4 Alle Luftblasen mit einer Gabel einstechen. Sobald die Eimasse zu stocken beginnt, das Omelett mit den Kochstäbchen zu einer Rolle formen. Die freie Bodenfläche mit dem ölgetränkten Tuch einreiben und die Eirolle ans andere Pfannenende schieben.

5 Mit dem ölgetränkten Tuch die restliche freie Fläche einreiben, dann die Hälfte der verbliebenen Eimasse gleichmäßig auf dem Pfannenboden verteilen, dabei die Pfanne schräg halten und die Eirolle mit den Stäbchen leicht anheben, damit die flüssige Eimasse auch darunter fließt.

6 Sobald die Eimasse zu stocken beginnt, die bereits fertige Rolle mit Hilfe der Stäbchen in das frische Omelett einrollen. Den Vorgang mit der restlichen Eimasse wiederholen. Das gerollte Omelett aus der Pfanne nehmen und vor dem Aufschneiden abkühlen lassen.

GRUND-
REZEPTE

Wasabi japanischer Meerrettich

Frisch geriebene Wasabi-Wurzel schmeckt einfach himmlisch. Aber inzwischen sind auch die handelsüblichen Wasabi-Pasten von so guter Qualität, dass viele Restaurants, selbst in Japan, davon Gebrauch machen. Wasabi wird in der Tube und als Pulver in Dosen angeboten. Die Tube ist zwar sehr praktisch, aber frisch angerührt schmeckt die Paste intensiver.

1 In einem Eierbecher 1 Teelöffel Wasabi-Paste und 1 Teelöffel Wasser unter kräftigem Rühren zu einer dicken Paste verarbeiten. Den Eierbecher umdrehen, damit die Paste bis zum Servieren feucht bleibt.

Reicht für 10 Stück gerollte Sushi

Eingelegter Ingwer Gari

1 TL Salz
100 g frischer Ingwer, geschält
100 ml Reisessig
1¼ EL Zucker

Ergibt etwa 350 ml

Eingelegter Ingwer darf bei keinem Sushi oder Sashimi fehlen. Er schmeckt fantastisch und ist auch zwischen den einzelnen Happen ein Gaumenreiz.

1 Den geschälten Ingwer mit Salz einreiben und über Nacht Wasser ziehen lassen. Am nächsten Tag abspülen und mit Küchenpapier trocken tupfen.

2 Reisessig, Zucker und 3½ Esslöffel Wasser in einer Schüssel verrühren, bis der Zucker aufgelöst ist. Den Ingwer zugeben und 1 Woche in der Marinade ziehen lassen. Oder den Ingwer in hauchdünne Scheiben schneiden, 2 Minuten blanchieren und wie oben beschrieben marinieren. Der Ingwer ist fertig zum Verzehr, wenn er sich lachsrosa verfärbt.

3 Zum Servieren den Ingwer aus der Marinade nehmen und längs zur Faser in hauchdünne Scheiben schneiden. Fest verschlossen im Kühlscrank hält sich Gari monatelang.

BEZUGS-QUELLEN

Japanische Lebensmittel sind inzwischen in vielen gutsortierten Supermärkten und in Asiatischen Lebensmittelgeschäften erhältlich. Anbei eine Auswahl:

- Asiatische Lebensmittel
Sonnenstr. 78
72458 Albstadt
Tel.: (07431) 933932

- ALM Asiatische Lebensmittel
Pöschl Yong-Za
Alte Steige 2
72336 Balingen
Tel.: (07433) 273558

- Tropicana Asiatische Lebensmittel
Offenbachstr. 20b
53173 Bonn
Tel.: (0228) 365600

- Asiatische Lebensmittel
Gröpelinger Heerstr. 404
28239 Bremen
Tel.: (0421) 6199057

- Dae-Yang Asiatische Lebensmittel GmbH
Immermannstr. 21
40210 Düsseldorf
Tel.: (0211) 161567
Fax: (0211) 357227

- Asiatische Lebensmittel
Hammarskjöldring 73c
60439 Frankfurt
Tel.: (069) 588945

- Asiatische Lebensmittel Stuber
Urbanstr. 18/1
70839 Gerlingen
Tel. /Fax: (07156) 29783

- Asiatische Lebensmittel Hankuk
Barmbeker Markt 37
22081 Hamburg
Tel.: (040) 297188

- Asiatische Lebensmittel Tan Hung
Hospitalstr. 4
63450 Hanau
Tel.: (06181) 255899

- Asiatische Lebensmittel
Zimmermann
Römerstr. 46
69115 Heidelberg
Tel.: (06221) 184848

- ASIA STORE Asiatische Lebensmittel Vertriebs GmbH
Markgrafenstr. 27
76131 Karlsruhe
Tel.: (0721) 9376057

- Asiatische Lebensmittel
Carmen Phan
Lortzingstr. 15
02708 Löbau
Tel.: (03585) 401617

- Asiatische Lebensmittel
Bismarckstr. 120A
67059 Ludwigshafen
Tel.: (0621) 5290220

- Asiatische Lebensmittel Murang Mura
Werdohler Str. 5
58511 Lüdenscheid
Tel.: (02351) 918383

- Izumi Fernöstliche Spezialitäten
Liststr. 26
70180 Stuttgart,
Tel./Fax: (0711) 606895

- Asienversand Silkroad
Postfach 20 11 30
53141 Bonn
Tel.: (0228) 37480-5
Fax: (0228) 37480-6
homepage: http://www.asiaversand.de
e-mail: webmaster@asienversand.de
oder silkroad@t-online.de

Register